100 cartes
pour éveiller son féminin
par le Tao

Illustrations Lynda Mangoro

23 rue Paul Gros
33270 Floirac - France
www.lateledelilou.com
sentwithlove@lalibrairiedelilou.com

ISBN 978-2-9562-1883-8

Imprimé en France, Mars 2020 France Cartes SAS - Saint-Max

Dépot légal - Avril 2020

SPÉCIAL FEMME

100 CARTES
POUR ÉVEILLER SON FÉMININ
PAR LE TAO

MON INTENTION EST D'ÉVEILLER MON FÉMININ

Ces cartes s'utilisent tous les jours.

Elles ont pour but de vous motiver au quotidien et de rendre votre vie savoureuse !

Nom : ______________________________

Prénom : ______________________________

Date : ______________________________

Explorer notre féminin nous embarque dans une nouvelle aventure de réconciliation, de douceur et de sensualité avec nous-mêmes. Cette quête nous entraîne à transformer, à réconcilier et à célébrer notre corps, nos émotions et nos pensées. Les qualités féminines de réceptivité et celles, masculines, de l'action s'unifient alors en nous dans l'amour. En élargissant notre vision d'être une femme à la fois pétillante de beauté à l'intérieur et « en action » à l'extérieur, nous prenons pleinement notre place dans le monde et nous découvrons des qualités insoupçonnées. Chaque jour est une nouvelle opportunité de comprendre, de découvrir d'autres façons de voir, de ressentir et de nous exprimer. Notre vitalité, notre créativité et notre sensualité s'épanouissent telle une fleur qui éclôt, pétale après pétale. C'est alors, qu'irradiant de beauté et de sagesse, on retrouve notre vraie nature de femme.

Éveiller son féminin par le Tao

Le taoïsme est une philosophie et voie spirituelle basée sur le « tao », qui signifie « chemin » en langue chinoise, celui qui mène à l'harmonie de l'âme, du corps et de l'esprit. C'est sur ce chemin que nous souhaitons vous accompagner tout au long de ce Défi des 100 jours. Et quel voyage !

Le Tao est représenté par les symboles noir (Yin) et blanc (Yang), deux forces complémentaires générant le Chi (prononcez « tchi »), soit l'énergie vitale que nous avons en chacun de nous. Pour les différencier, sachez que la matière féminine Yin de notre corps aime le repos, le calme, l'écoute pour se rassembler et se régénérer. L'énergie masculine Yang, elle, aime le mouvement, la stimulation, afin de voyager librement et sans limites. Votre féminin vous relie à votre monde intérieur tandis que votre masculin communique avec ce qu'il y a à l'extérieur de vous. Les deux sont indispensables : le « chemin » est de retrouver un équilibre en vous pour optimiser votre énergie vitale, et donc votre bien-être.

La philosophie du Tao offre un large éventail de connaissances pour retrouver cet équilibre Yin/Yang. Héritées de traditions ancestrales, celles-ci ont été transmises jusqu'à nos jours avec passion et précision, puis introduites en Occident par Mantak Chia. Maître Chia a créé son « système du Universal Healing Tao » à Tao Garden, en Thaïlande, en 1974 afin de rendre ce savoir accessible à tous. Les outils proposés sont facilement assimilables, et chacun peut apprendre à augmenter son énergie vitale en toute autonomie.

Mis en pratique, ce savoir précieux permet aux femmes d'accéder à une source infinie d'énergie, de créativité et de sagesse. Il vous propose de déployer votre féminin à travers le prisme du Tao, et ainsi de comprendre et de vivre votre plein potentiel de femme dans tous les domaines de votre vie. Les pratiques présentées sont bien sûr progressives vous ferez la paix avec votre corps, vous vous relierez à vos sensations et à votre énergie de vie, vous explorerez votre sexualité... pour faire rayonner votre féminin sacré dans toute sa beauté et sa grandeur !

« Donnez à un homme un poisson, et il aura à manger pour une journée ; apprenez à un homme à pêcher, et il aura à manger toute sa vie. »
Lao Tseu

Quelle est l'utilité de ces cartes ?

Le féminin joue un rôle déterminant dans le changement des consciences. Il s'éveille en ce moment en nous, tout autour de nous et dans le monde.

Avoir recours à ces cartes est utile pour vous aider à éveiller votre féminin grâce à des pratiques faciles à suivre. La carte que vous piocherez parmi les 100 cartes « Éveiller son féminin par le Tao » vous guidera. Elle vous permettra d'appliquer, en conscience, un principe taoïste, féminin et positif.

Vivre le Tao de la femme au quotidien demande discipline et régularité. Ces 100 cartes sauront vous rappeler de rester « dans le jeu » et d'apporter de la conscience dans votre corps et dans vos actions. Vous êtes la co-créatrice de votre vie !

Comment utiliser ces 100 cartes ?

Lorsque vous tirez une carte parmi les 100 cartes proposées, prenez un moment pour la regarder et être avec elle, voir ce qu'elle vous renvoie.

Observer les sensations dans votre corps, et les images ou messages qui viennent à vous.

Un cahier de 100 exercices

Cette initiation, cette démarche pour éveiller votre féminin par le Tao, vous invite à vous réconcilier, dans l'acceptation, la gratitude et l'amour, avec votre nature de femme. Au contact de cet amour, la transformation est possible ! Par l'union de votre féminin et de votre masculin, vous libérerez un potentiel de connaissance, de confiance et de compassion que vous n'aurez plus besoin d'aller chercher à l'extérieur de vous. Vous vous sentirez reliée, aimée, désirée et en harmonie avec les autres femmes, votre communauté. Votre sexualité sera éveillée, enrichie, et vous pourrez manifester totalement et de manière créative votre potentiel humain et divin. Vous pourrez enfin rayonner et participer aux changements que vous souhaitez voir dans votre vie ! Vous « enfanterez » votre vision pour vous-même et pour le monde.

Les exercices de départ du Cahier d'exercices du Défi des 100 jours pour éveiller votre féminin par le Tao permettent d'explorer votre corps en profondeur, de le purifier en relançant la bonne circulation de l'énergie. Quand celle-ci est faible ou « bloquée » par une vie trop sédentaire ou trop stressante, certaines zones du corps se congestionnent et s'engorgent de toxines, de déchets émotionnels et de fluides stockés qu'il s'agit alors d'évacuer. Ensuite, les exercices de reconnexion à soi, tels le Sourire intérieur, les auto-massages du ventre, la guérison par les 6 sons, la méditation du lotus ou encore le ballon de Chi, vous préparent aux pratiques plus approfondies qui, par la magie de l'alchimie interne, vous permettront en fin de Défi de transformer votre énergie sexuelle féminine en énergie vitale et sacrée.

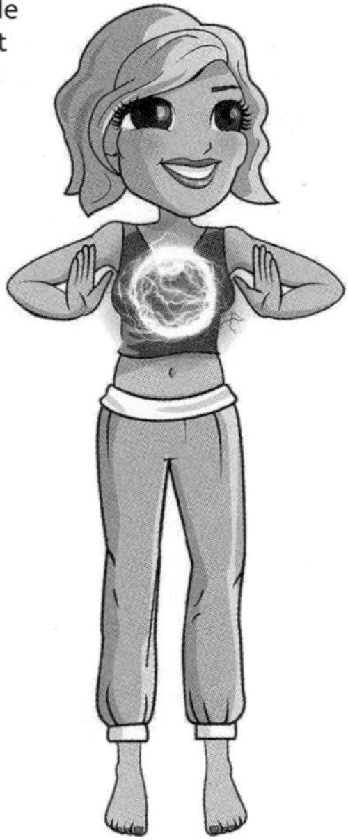

Si vous avez ce Cahier entre les mains, c'est que vous ressentez le temps d'oser, enfin ! En éveillant votre sensualité, votre sexualité, vous vous autoriserez à vous épanouir dans tous les domaines de votre vie, à développer des capacités insoupçonnées. Aller à la rencontre de votre espace divin vous invite ainsi à entrevoir la sagesse et les sources cachées de votre féminin profond. Chaque femme peut apprendre à explorer et à comprendre sa capacité de libérer, transformer et canaliser son énergie sexuelle.

Enfin, alors que votre équilibre Yin/Yang sera retrouvé, que votre énergie sexuelle sera libérée et optimisée, vous pourrez accéder au divin en vous, toucher le merveilleux, le féminin sacré, votre féminin sacré. Celui qui vous relie aux lignées ancestrales et vous rappelle votre incarnation sur Terre. Un retour à la sagesse féminine que nous abritons toutes, une reconnexion à la Terre et au cœur.

Voilà notre défi pour cette nouvelle aventure à vivre ensemble : vous aider chaque jour à libérer et à révéler votre potentiel originel de femme pour vous reconnecter à votre vraie nature, à votre sagesse et à votre pouvoir créateur.

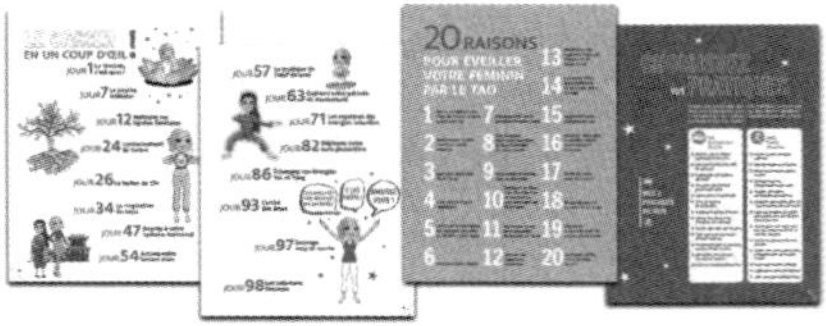

la Librairie de Lilou
Sent with love

La Librairie de Lilou

Lilou vous donne rendez-vous sur sa librairie en ligne pour trouver ce dont vous avez besoin pour vous accompagner dans votre éveil. Tous les colis sont expédiés avec Amour sous 48 heures. Tous les livres de Lilou sont signés par Lilou puis expédiés avec quelques petits cadeaux dans du papier de soie. C'est un cadeau que vous vous faites à vous-même.

www.lalibrairiedelilou.com

Bio Aisha and Lilou

Aisha Sieburth

Instructrice senior du Universal Healing Tao System de Mantak Chia, Aisha est fondatrice, enseignante et directrice de l'école Tao de la Vitalité© depuis 1998. Dans ses formations d'arts énergétiques pour les femmes et les hommes, elle allie tradition et innovation. Elle a mis au point la méthode du Tao du féminin sacré, où elle intègre à la fois son expérience de femme contemporaine et ses connaissances ancestrales, fruits de son parcours au Japon, en Inde, en Chine et en Thaïlande. Elle propose des formations certifiantes en Chi Gong taoïste, en massages Chi Nei Tsang et Alchimie sexuelle, en France, à l'international et en ligne sur son site taodelavitalite.org.

Élevée au Japon, Aisha est initiée aux traditions de la danse Nihon Buhyo et de la méditation bouddhiste Zen. Arrivée à Boston aux États-Unis en 1974, elle sent son cœur la pousser vers la danse classique de l'Inde du Sud, le Bharata-Natyam, source ancestrale de sagesse. En 1989, avec Maître Kiku Myasaki, elle apprend le massage shiatsu, art japonais de soins holistiques. Ses études successives à Harvard et aux Beaux-Arts de Boston lui font porter un regard sur les arts énergétiques, le corps et la conscience. Elle découvre l'Alchimie interne taoïste en 1998 avec Fabienne Flamand, puis se rend régulièrement en Thaïlande pour suivre l'enseignement du Universal Healing Tao System de Maître Mantak Chia, au Tao Garden. Depuis, avec lui, Aisha a coécrit deux livres spécialisés dans les techniques avancées de soins énergétiques. *Life Pulse Massage* et *Chi Nei Tsang and Microcurrent Therapy*, publiés par Inner Traditions/Destiny Books aux États-Unis.

Ses ouvrages (en anglais), coécrits avec Mantak Chia :

Life Pulse Massage, Inner Traditions/Destiny Books

Chi Nei Tsang and Microcurrent Therapy, Inner Traditions/Destiny Books

Le site de son école : taodelavitalite.org

Pour suivre Aisha sur les réseaux sociaux :

www.youtube.com/user/soulimet

www.facebook.com/taovitalite.soulimet

Lilou Macé

Pétillante, curieuse et avide d'offrir toujours plus à ses lecteurs et internautes, Lilou Macé possède un univers extrêmement riche et varié. De ses interviews aux millions de vues sur la Télé de Lilou à ses ouvrages, en passant par ses nombreuses communautés sur YouTube et Facebook ou ses vidéos de coaching, Lilou occupe aujourd'hui une place influente dans le monde de l'épanouissement personnel. Son credo ? Montrer à tous que le changement est possible pour peu que l'on avance pas à pas et avec bienveillance. En tant que femme et jeune maman, Lilou s'intéresse toujours plus à la question du féminin, à travers différents ouvrages disponibles en librairie et sur www.lalibrairiedelilou.com

Ses ouvrages :

Collection « Défi des 100 jours », Guy Trédaniel éditeur

Collection « Et ça me plaît », Guy Trédaniel éditeur

L'Œuf de Yoni, tome 1 : le féminin révélé et libéré ; tome 2 : le Palais de Jade (à paraître en mars 2021), éditions Leduc.s

Mon agenda de grossesse, éditions Leduc.s

Son site de référence : www.liloumace.com
Ses livres dédicacés : www.lalibrairiedelilou.com
Ses vidéos et interviews : www.lateledelilou.com
Ses vidéos de coaching : www.lecoachingdelilou.com

Pour suivre Lilou sur les réseaux sociaux :
www.youtube.com/user/liloumacefr
www.facebook.com/frlilou
www.instagram.com/liloumace
www.twitter.com/frlilou